Impressum
Verlag: BABADADA GmbH, Nedderfeld 112 , 22529 Hamburg
Geschäftsführer / Verlagsleitung: Harald Hof
Druck: Books on Demand GmbH, In de Tarpen 42, 22848 Norderstedt

Imprint
Publisher: BABADADA GmbH, Nedderfeld 112 , 22529 Hamburg, Germany
Managing Director / Publishing direction: Harald Hof
Print: Books on Demand GmbH, In de Tarpen 42, 22848 Norderstedt, Germany

escola

school

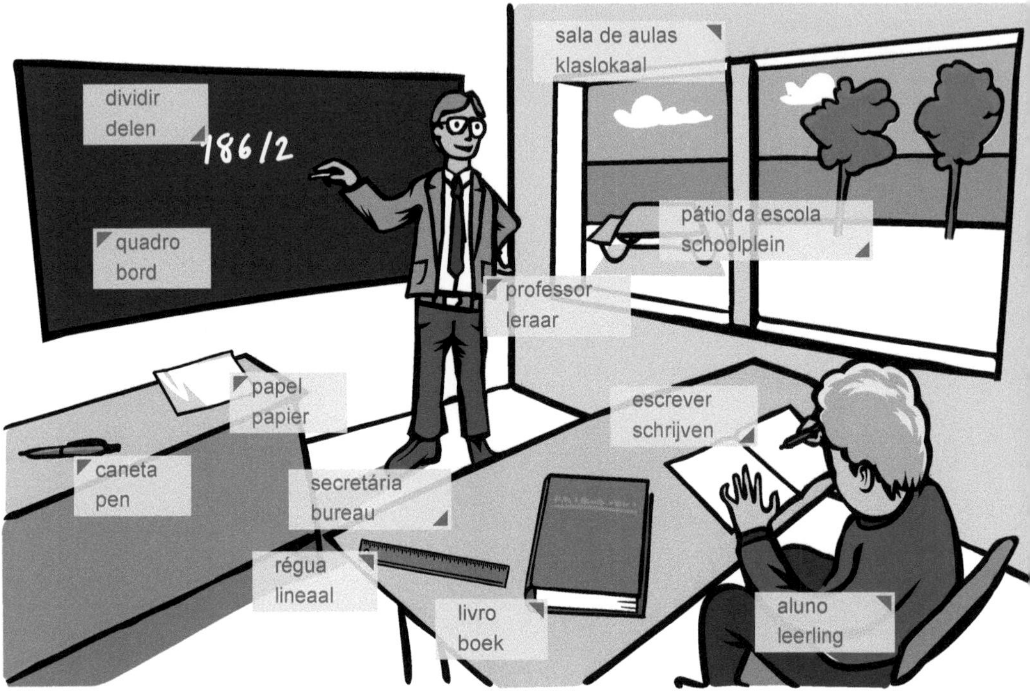
sala de aulas
klaslokaal
dividir
delen
186/2
quadro
bord
pátio da escola
schoolplein
professor
leraar
papel
papier
escrever
schrijven
caneta
pen
secretária
bureau
régua
lineaal
livro
boek
aluno
leerling

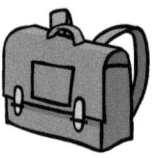

mochila

schooltas

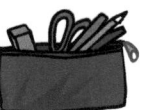

estojo de lápis

etui

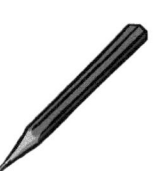

lápis

potlood

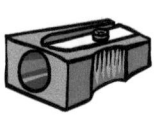

afia-lápis

puntenslijper

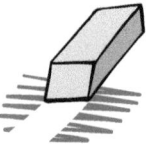

borracha

gum

bloco de desenho

schetsblok

desenho
tekening

pincel
penseel

caixa de tintas
verfdoos

tesoura
schaar

cola
lijm

livro de exercícios
schrift

trabalhos de casa
huiswerk

12

número
getal

2+2

somar
optellen

5-2

subtrair
aftrekken

2×2

multiplicar
vermenigvuldigen

calcular
rekenen

A

letra
letter

ABCDEFG
HIJKLMN
OPQRSTU
VWXYZ

alfabeto
alfabet

hello

palavra
woord

texto

tekst

ler

lezen

giz

krijt

hora

les

registo de presenças

klassenboek

exame

examen

certificado

diploma

uniforme escolar

schooluniform

educação

opleiding

enciclopédia

encyclopedie

universidade

universiteit

microscópio

microscoop

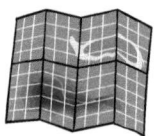

mapa

kaart

cesto de lixo

prullenmand

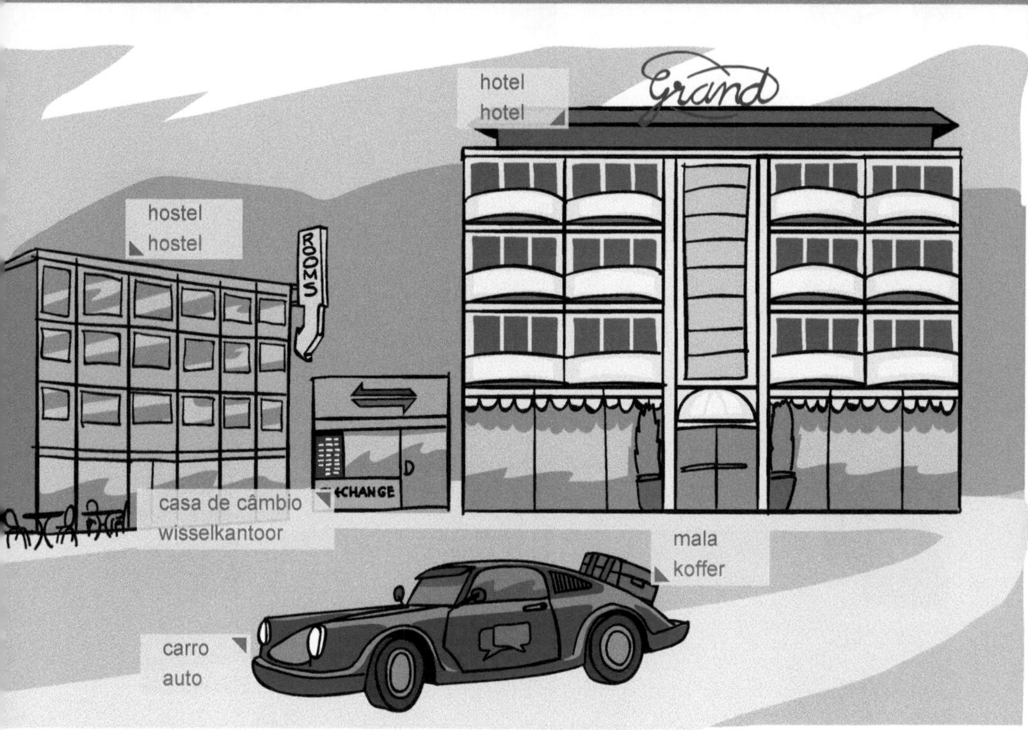

hotel
hotel
Grand
hostel
hostel
ROOMS
EXCHANGE
casa de câmbio
wisselkantoor
mala
koffer
carro
auto

idioma

taal

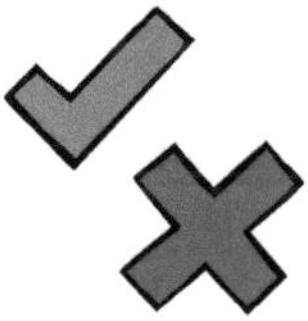

sim / não

ja / nee

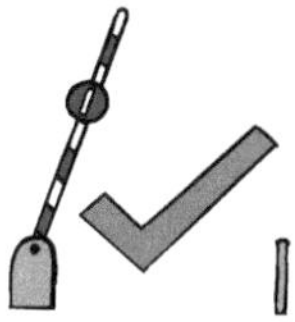

ok / certo / correto

oké

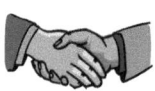

olá

Hallo!

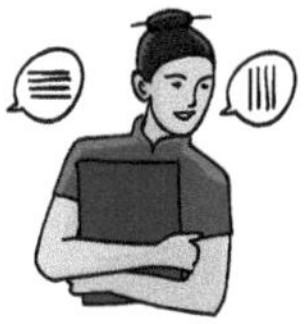

intérprete

tolk

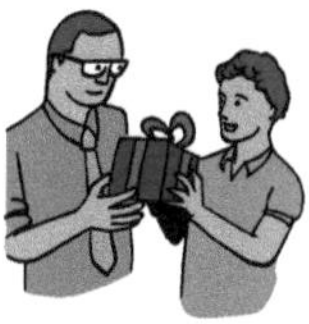

obrigado

Bedankt.

quanto é que custa... ?

Wat kost ...?

não entendo

Ik begrijp het niet.

problema

probleem

boa noite!

Goedenavond!

Bom dia!

Goedemorgen!

Boa noite!

Goedenacht!

adeus

Tot ziens!

direção

richting

bagagem

bagage

saco

tas

mochila

rugzak

convidado

gast

quarto

kamer

saco-cama

slaapzak

tenda

tent

informação turística

VVV-kantoor

praia

strand

cartão de crédito

creditkaart

pequeno-almoço

ontbijt

almoço

lunch

jantar

diner

bilhete

kaartje

elevador

lift

selo postal

postzegel

fronteira

grens

alfândega

douane

embaixada

ambassade

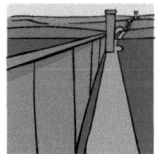

visto

visum

passaporte

paspoort

transporte

transport

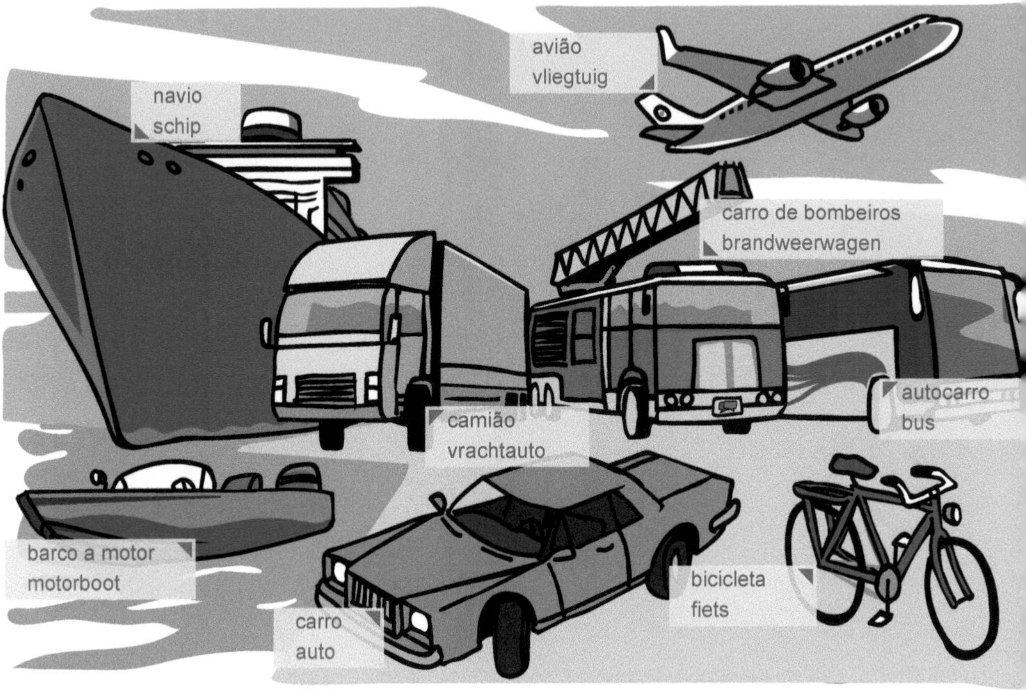
avião
vliegtuig
navio
schip
carro de bombeiros
brandweerwagen
autocarro
bus
camião
vrachtauto
barco a motor
motorboot
bicicleta
fiets
carro
auto

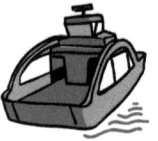

cacilheiro

veerboot

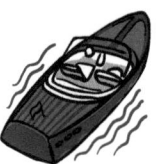

barco

boot

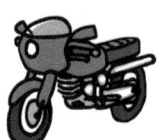

mota

motorfiets

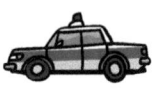

carro de polícia

politiewagen

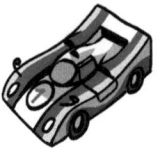

carro de corrida

raceauto

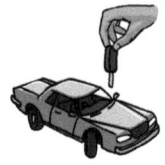

carro alugado

huurauto

carsharing
carsharing

camião de reboque
takelwagen

camião do lixo
vuilniswagen

motor
motor

combustível
benzine

estação de serviço
benzinepomp

sinal de trânsito
verkeersbord

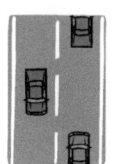

trânsito
verkeer

congestionamento de
trânsito
file

parque de estacionamento
parkeerplaats

estação ferroviária
station

carris
rails

comboio
trein

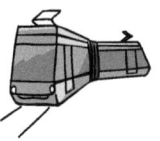

elétrico
tram

carruagem
wagon

helicóptero

helikopter

aeroporto

luchthaven

torre

toren

passageiro

passagier

contentor

container

caixa de papelão

verhuisdoos

carrinho

kar

cesto

mand

levantar voo / aterrar

opstijgen / landen

cidade

stad

aldeia

dorp

centro da cidade

stadscentrum

casa

huis

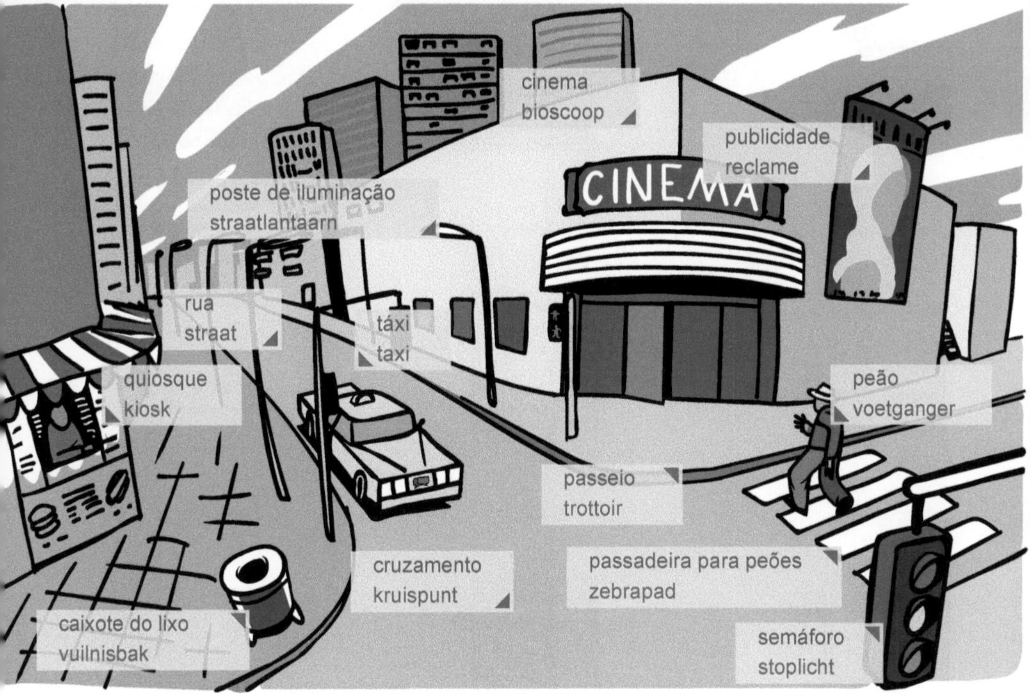

cinema
bioscoop

publicidade
reclame

poste de iluminação
straatlantaarn

CINEMA

rua
straat

táxi
taxi

quiosque
kiosk

peão
voetganger

passeio
trottoir

cruzamento
kruispunt

passadeira para peões
zebrapad

caixote do lixo
vuilnisbak

semáforo
stoplicht

cabana
hut

apartamento
appartement

estação ferroviária
station

câmara municipal
stadhuis

museu
museum

escola
school

universidade

universiteit

banco

bank

hospital

ziekenhuis

hotel

hotel

farmácia

apotheek

escritório

kantoor

livraria

boekenwinkel

loja

winkel

florista

bloemenwinkel

supermercado

supermarkt

mercado

markt

loja de departamentos

warenhuis

peixaria

visboer

centro comercial

winkelcentrum

porto

haven

parque
park

banco
bank

ponte
brug

escadas
trap

metro
metro

túnel
tunnel

paragem de autocarro
bushalte

bar
bar

restaurante
restaurant

caixa de correio
brievenbus

sinal de trânsito
straatnaambord

parquímetro
parkeermeter

jardim zoológico
dierentuin

piscina
zwembad

mesquita
moskee

quinta
boerderij

poluição
vervuiling

cemitério
begraafplaats

igreja
kerk

parque infantil
speelplaats

templo
tempel

paisagem
landschap

folha
blad

placa de sinalização
wegwijzer

caminho
weg

prado
weide

pedra
steen

árvore
boom

caminhantes
wandelaar

rio
rivier

relva
gras

flor
bloem

vale
vallei

montanha
berg

lago
meer

floresta
bos

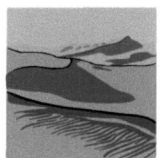

deserto
woestijn

vulcão
vulkaan

castelo
kasteel

arco-íris
regenboog

cogumelo
paddenstoel

palma
palmboom

mosquito
mug

mosca
vlieg

formiga
mier

abelha
bij

aranha
spin

besouro

kever

sapo

kikker

esquilo

eekhoorn

ouriço

egel

lebre

haas

coruja

uil

pássaro

vogel

cisne

zwaan

javali

wild zwijn

veado

hert

alce

eland

barragem

stuwdam

turbina eólica

windmolen

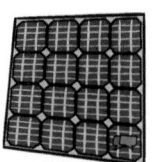

painel solar

zonnepaneel

clima

klimaat

restaurante

restaurant

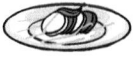

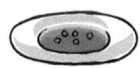

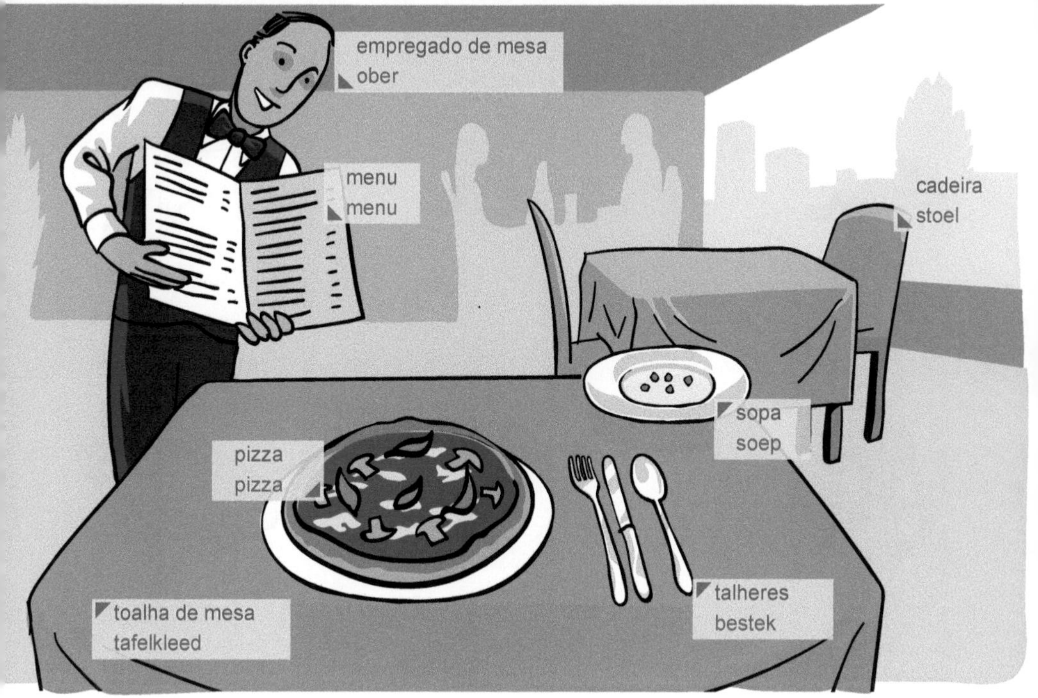
empregado de mesa
ober
menu
menu
cadeira
stoel
sopa
soep
pizza
pizza
talheres
bestek
toalha de mesa
tafelkleed

entrada
voorgerecht

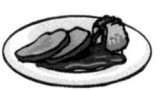

prato principal
hoofdgerecht

sobremesa
toetje

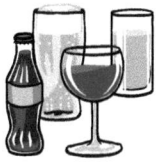

bebidas
dranken

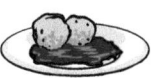

comida
eten

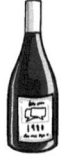

garrafa
fles

fast food
....
fastfood

comida de rua
....
eetkraampje

bule de chá
....
theepot

açucareiro
....
suikerpot

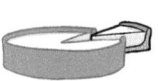

porção
....
portie

máquina de café expresso
....
espressomachine

cadeira alta
....
kinderstoel

conta
....
rekening

bandeja
....
dienblad

faca
....
mes

garfo
....
vork

colher
....
lepel

colher de chá
....
theelepel

guardanapo
....
servet

copo
....
glas

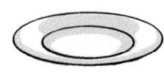

prato
bord

prato de sopa
soepbord

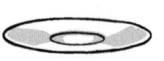

pires
schotel

molho
saus

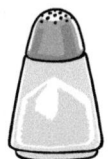

saleiro
zoutvaatje

moinho de pimenta
pepermolen

vinagre
azijn

óleo
olie

especiarias
kruiden

ketchup
ketchup

mostarda
mosterd

maionese
mayonaise

supermercado
supermarkt

oferta especial
aanbieding
FOR
cliente
klant
laticínios
zuivelproducten
fruta
fruit
carrinho de compras
winkelwagen

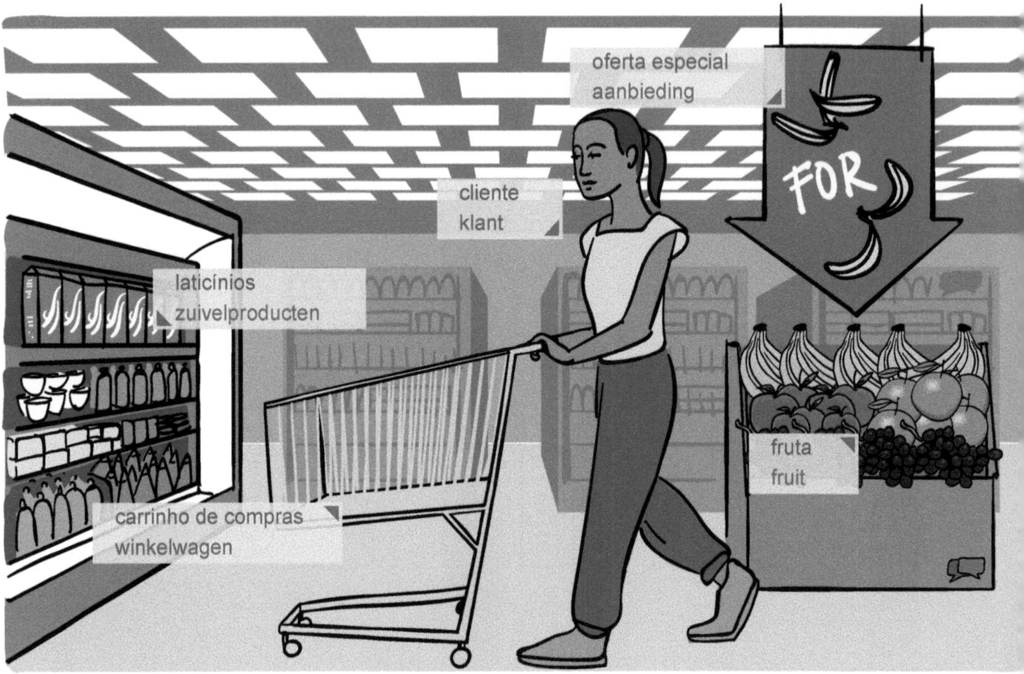

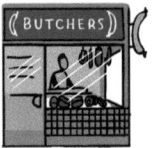

BUTCHERS

talho

slager

BAKERY

padaria

bakkerij

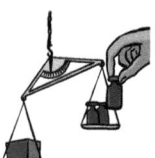

pesar

wegen

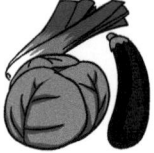

vegetais

groente

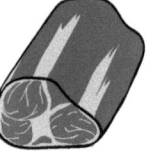

carne

vlees

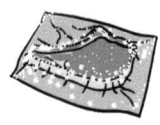

alimentos congelados

diepvriesproducten

charcutaria

vleeswaren

comida enlatada

conserven

detergente em pó

wasmiddel

doces

snoepgoed

artigos domésticos

huishoudelijke artikelen

produtos de limpeza

schoonmaakmiddel

vendedora

verkoopster

caixa

kassa

caixa

kassier

lista de compras

boodschappenlijstje

horário de funcionamento

openingstijden

carteira

portefeuille

cartão de crédito

creditkaart

saco

tas

saco de plástico

plastic zak

água

water

sumo

sap

leite

melk

coca-cola

cola

vinho

wijn

cerveja

bier

álcool

alcohol

cacau

chocolademelk

chá

thee

café

koffie

café expresso

espresso

capuccino

cappuccino

banana
banaan

maçã
appel

laranja
sinaasappel

melão
watermeloen

limão
citroen

cenoura
wortel

alho
knoflook

bambu
bamboe

cebola
ui

cogumelo
paddenstoel

nozes
noten

talharim
pasta

esparguete

spaghetti

arroz

rijst

salada

salade

batatas fritas

friet

batatas fritas

gebakken aardappelen

pizza

pizza

hambúrguer

hamburger

sanduíche

sandwich

bife panado

schnitzel

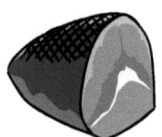

fiambre

ham

salame

salami

salsicha

worst

galinha

kip

assado

gebraad

peixe

vis

flocos de aveia

havermout

muesli

muesli

flocos de milho

cornflakes

farinha

meel

croissant

croissant

carcaça (pãozinho)

broodjes

pão

brood

torrada

toast

biscoitos

koekjes

manteiga

boter

requeijão

kwark

bolo

taart

ovo

ei

ovo estrelado

gebakken ei

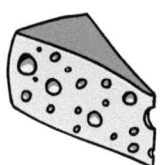

queijo

kaas

gelado

ijs

açúcar

suiker

mel

honing

compota

jam

creme de nougat

chocoladepasta

caril

kerrie

quinta
boerderij

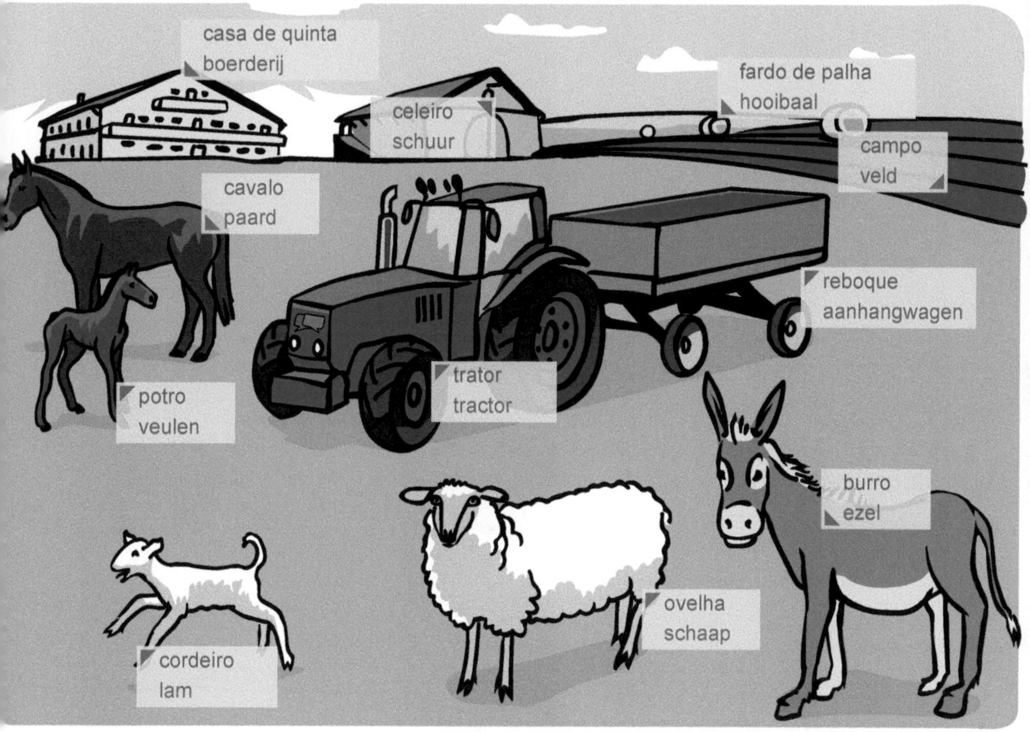
casa de quinta
boerderij
celeiro
schuur
fardo de palha
hooibaal
campo
veld
cavalo
paard
reboque
aanhangwagen
trator
tractor
potro
veulen
burro
ezel
ovelha
schaap
cordeiro
lam

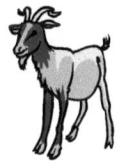

cabra

geit

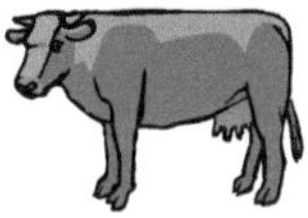

vaca

koe

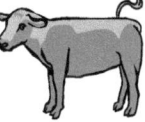

bezerro

kalf

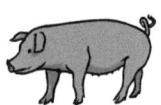

porco

varken

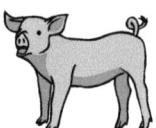

leitão

big

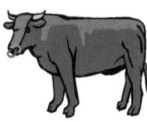

touro

stier

ganso

gans

pato

eend

pintaínho

kuiken

galinha

kip

galo

haan

ratazana

rat

gato

kat

rato

muis

boi

os

cão

hond

casota

hondenhok

mangueira de jardim

tuinslang

regador

gieter

foice

zeis

arado

ploeg

foice

sikkel

enxada

schoffel

forquilha

hooivork

machado

bijl

carrinho de mão

kruiwagen

manjedoura

trog

jarro de leite

melkbus

saco

zak

cerca

hek

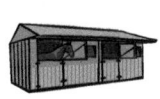

estábulo

stal

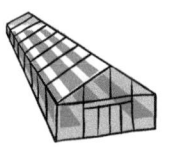

estufa

broeikas

solo

grond

semente

zaad

fertilizante

mest

ceifeira-debulhadora

maaidorser

colher

oogsten

colheita

oogst

inhame

yam

trigo

tarwe

soja

soja

batata

aardappel

milho

maïs

colza

koolzaad

árvore de fruto

fruitboom

mandioca

maniok

cereais

granen

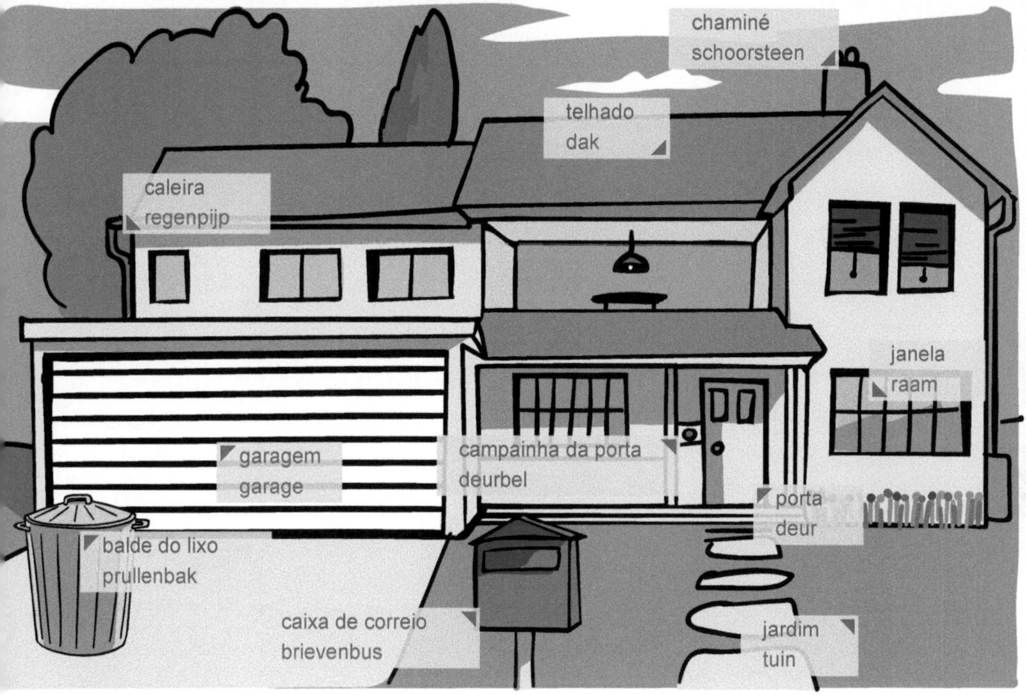

chaminé
schoorsteen

telhado
dak

caleira
regenpijp

janela
raam

garagem
garage

campainha da porta
deurbel

porta
deur

balde do lixo
prullenbak

caixa de correio
brievenbus

jardim
tuin

sala de estar
woonkamer

casa de banho
badkamer

cozinha
keuken

quarto de dormir
slaapkamer

quarto de criança
kinderkamer

sala de jantar
eetkamer

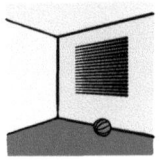

chão
....
vloer

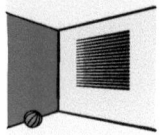

parede
....
muur

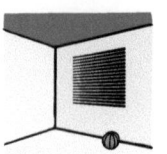

teto
....
plafond

cave
....
kelder

sauna
....
sauna

varanda
....
balkon

terraço
....
terras

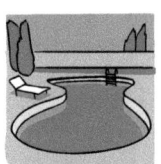

piscina
....
zwembad

máquina de cortar relvado
....
grasmaaier

lençol
....
laken

cobertor
....
bedsprei

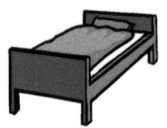

cama
....
bed

vassoura
....
bezem

balde
....
emmer

interruptor
....
schakelaar

sala de estar
woonkamer

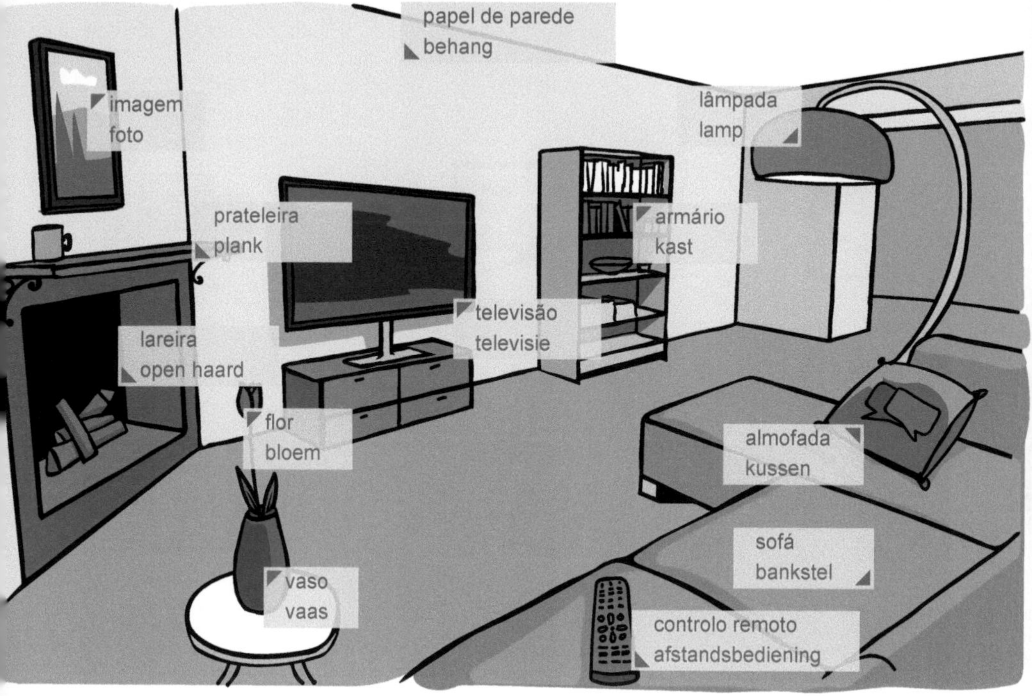

papel de parede
behang
imagem
foto
lâmpada
lamp
prateleira
plank
armário
kast
televisão
televisie
lareira
open haard
flor
bloem
almofada
kussen
sofá
bankstel
vaso
vaas
controlo remoto
afstandsbediening

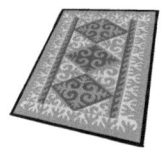

tapete

tapijt

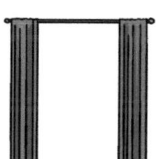

cortina

gordijn

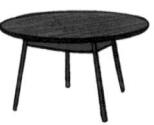

mesa

tafel

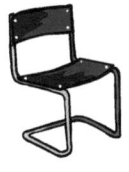

cadeira

stoel

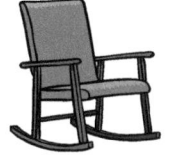

cadeira de baloiço

schommelstoel

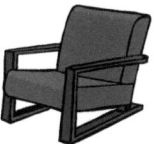

poltrona

stoel

livro
boek

cobertor
deken

decoração
decoratie

lenha
brandhout

filme
film

sistema estéreo
stereo-installatie

chave
sleutel

jornal
krant

pintura
schilderij

póster
poster

rádio
radio

bloco de notas
kladblok

aspirador
stofzuiger

cato
cactus

vela
kaars

cozinha
keuken

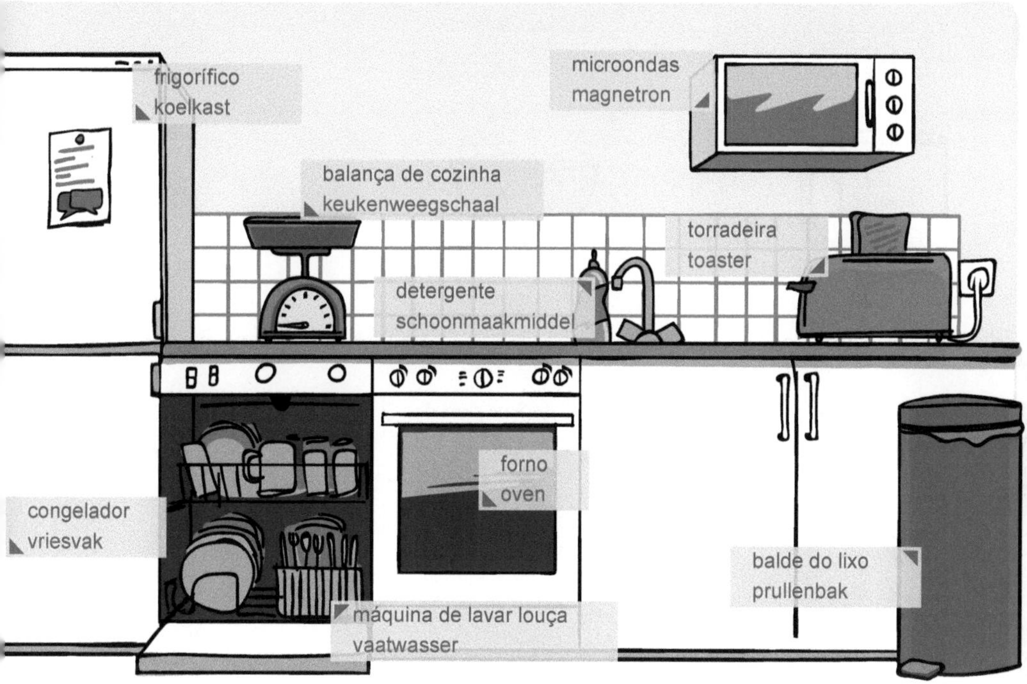
frigorífico
koelkast
microondas
magnetron
balança de cozinha
keukenweegschaal
torradeira
toaster
detergente
schoonmaakmiddel
forno
oven
congelador
vriesvak
balde do lixo
prullenbak
máquina de lavar louça
vaatwasser

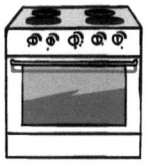

fogão
fornuis

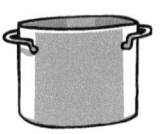

panela
pan

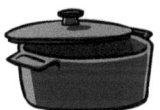

panela de ferro
gietijzeren pan

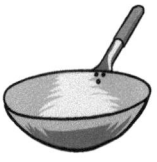

wok / kadai
wok / kadai

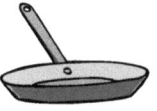

frigideira
koekenpan

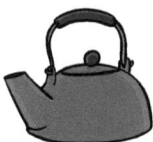

chaleira
ketel

panela a vapor

stoomkoker

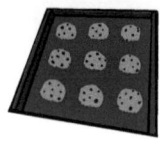

tabuleiro de forno

bakplaat

louça

servies

caneca

beker

tigela

kom

pauzinhos

eetstokjes

concha de sopa

soeplepel

espátula

spatel

batedor de claras

garde

escorredor

vergiet

peneira

zeef

ralador

rasp

almofariz

vijzel

churrasqueira

barbecue

lareira

vuurhaard

tábua de cortar

snijplank

rolo da massa

deegroller

saca-rolhas

kurkentrekker

lata

blik

abridor de latas

blikopener

luvas de forno

pannenlap

lava-loiça

wasbak

escova

borstel

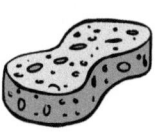

esponja

spons

liquidificador

blender

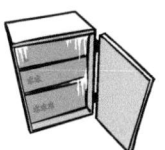

arca frigorífica

vriezer

biberão

babyflesje

torneira

kraan

casa de banho

badkamer

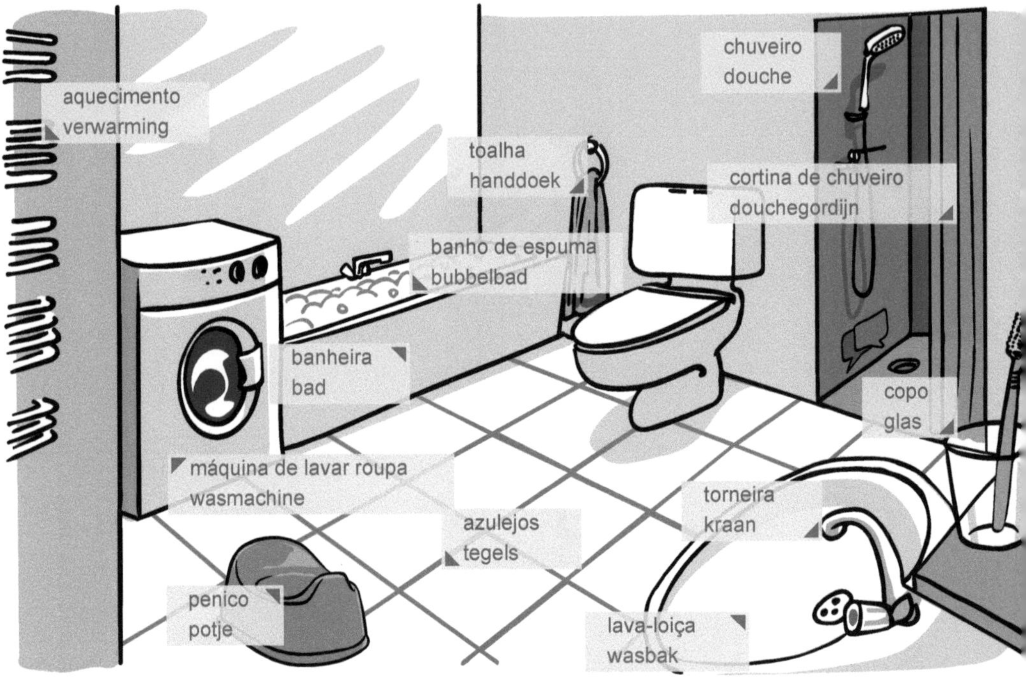
aquecimento
verwarming
chuveiro
douche
toalha
handdoek
cortina de chuveiro
douchegordijn
banho de espuma
bubbelbad
banheira
bad
copo
glas
máquina de lavar roupa
wasmachine
torneira
kraan
azulejos
tegels
penico
potje
lava-loiça
wasbak

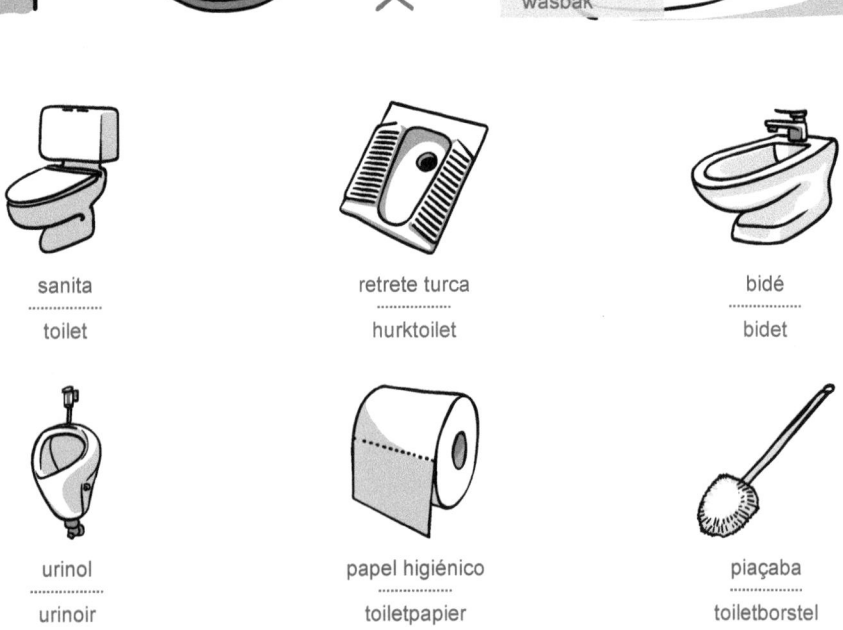

sanita

toilet

retrete turca

hurktoilet

bidé

bidet

urinol

urinoir

papel higiénico

toiletpapier

piaçaba

toiletborstel

escova de dentes

tandenborstel

pasta de dentes

tandpasta

fio dentário

flosdraad

lavar

wassen

chuveiro de mão

handdouche

duche íntimo

toiletdouche

bacia

waskom

escova para as costas

rugborstel

sabonete

zeep

gel de banho

douchegel

champô

shampoo

toalha de rosto

washanje

escoamento

afvoer

creme

creme

desodorizante

deodorant

espelho

spiegel

espelho de mão

make-upspiegel

máquina de barbear

scheermes

creme de barbear

scheerschuim

loção pós-barba

aftershave

pente

kam

escova

borstel

secador de cabelo

haardroger

spray de cabelo

haarspray

maquilhagem

make-up

batom

lippenstift

verniz de unhas

nagellak

algodão

watten

tesoura para unhas

nagelschaartje

perfume

parfum

nécessaire

toilettas

tamborete

kruk

balança

weegschaal

roupão de banho

badjas

luvas de borracha

rubber handschoenen

tampão

tampon

penso higiénico

maandverband

WC químico

chemisch toilet

quarto de criança
kinderkamer

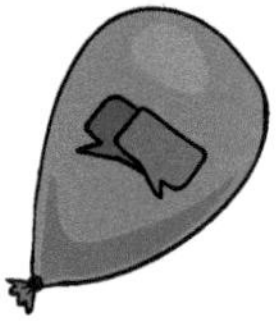

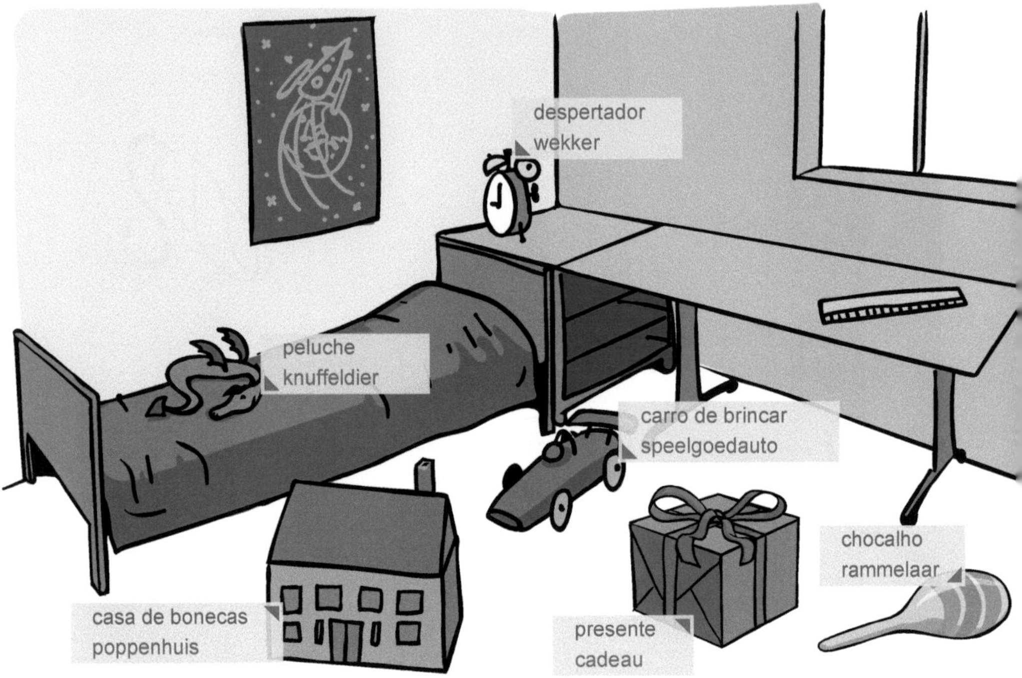
despertador
wekker
peluche
knuffeldier
carro de brincar
speelgoedauto
chocalho
rammelaar
casa de bonecas
poppenhuis
presente
cadeau

balão

ballon

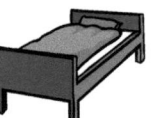

cama

bed

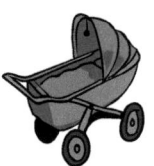

carrinho de bebé

kinderwagen

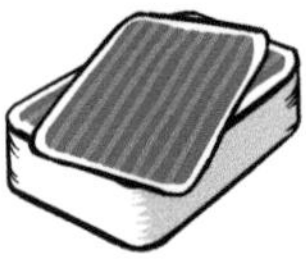

jogo de cartas

kaartspel

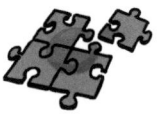

quebra-cabeças

puzzel

banda desenhada

stripverhaal

peças de Lego

legostenen

blocos de construção

speelgoedblokken

figura de ação

actiefiguurtje

fato de bebé

romper

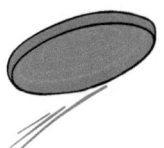

Frisbee

frisbee

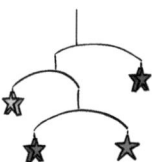

móbile para bebé

mobile

jogo de tabuleiro

bordspel

dados

dobbelsteen

pista de comboio elétrico

modeltrein

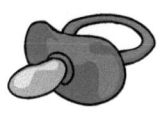

chupeta

speen

festa

feestje

livro ilustrado

prentenboek

bola

bal

boneca

pop

jogar

spelen

caixa de areia

zandbak

baloiço

schommel

brinquedos

speelgoed

consola de jogos

spelcomputer

triciclo

driewieler

ursinho de peluche

teddybeer

guarda-roupa

kleerkast

vestuário
kleding

meias

sokken

meias pelo joelho

kousen

meias-calças

panty

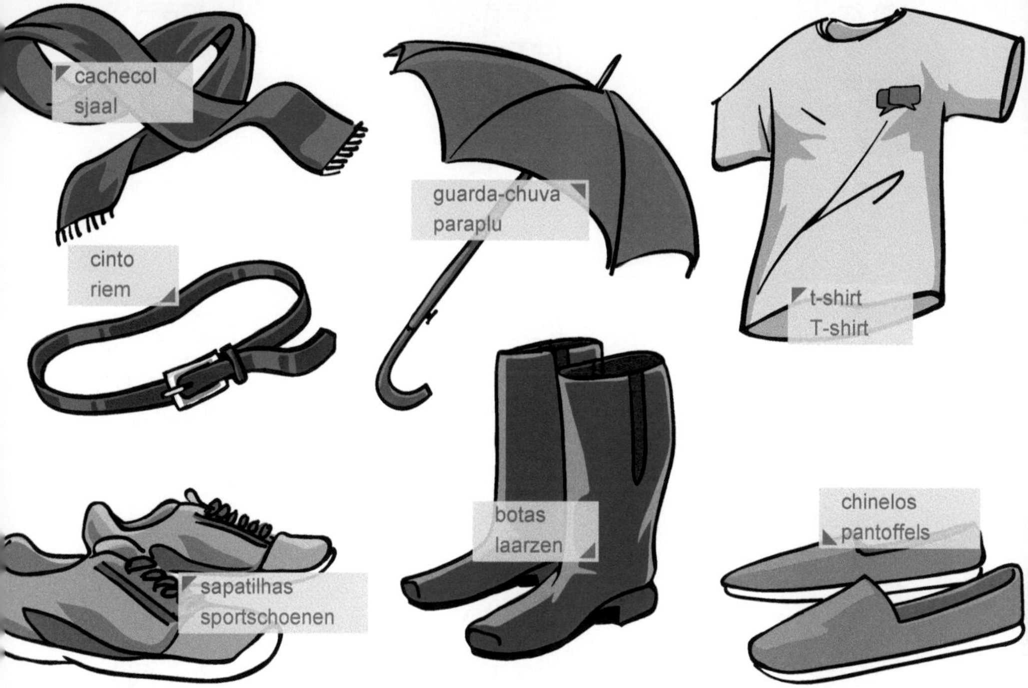

cachecol
sjaal

guarda-chuva
paraplu

cinto
riem

t-shirt
T-shirt

sapatilhas
sportschoenen

botas
laarzen

chinelos
pantoffels

sandálias
sandalen

sapatos
schoenen

botas de borracha
rubberlaarzen

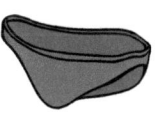

cuecas
onderbroek

sutiã
beha

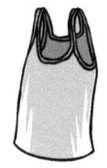

camisola interior
onderhemd

body
body

calças
broek

calças de ganga
spijkerbroek

saia
rok

blusa
blouse

camisa
overhemd

pulôver
trui

camisola com capuz
hoody

blazer
blazer

casaco
jas

manto
mantel

gabardina
regenjas

traje
kostuum

vestido
jurk

vestido de casamento
trouwjurk

fato
....
pak

camisa de dormir
....
nachthemd

pijama
....
pyjama

sari
....
sari

lenço de cabeça
....
hoofddoek

turbante
....
tulband

burca
....
boerka

cafetã
....
kaftan

abaya
....
abaja

fato de banho
....
zwempak

calções de banho
....
zwembroek

calções
....
korte broek

fato de treino
....
trainingspak

avental
....
schort

luvas
....
handschoenen

botão

knoop

óculos

bril

pulseira

armband

colar

ketting

anel

ring

brinco

oorbel

boné

pet

cabide

kledinghanger

chapéu

hoed

gravata

stropdas

fecho de correr

rits

capacete

helm

suspensórios

bretels

uniforme escolar

schooluniform

uniforme

uniform

babete
....
slabbetje

chupeta
....
speen

fralda
....
luier

escritório
kantoor

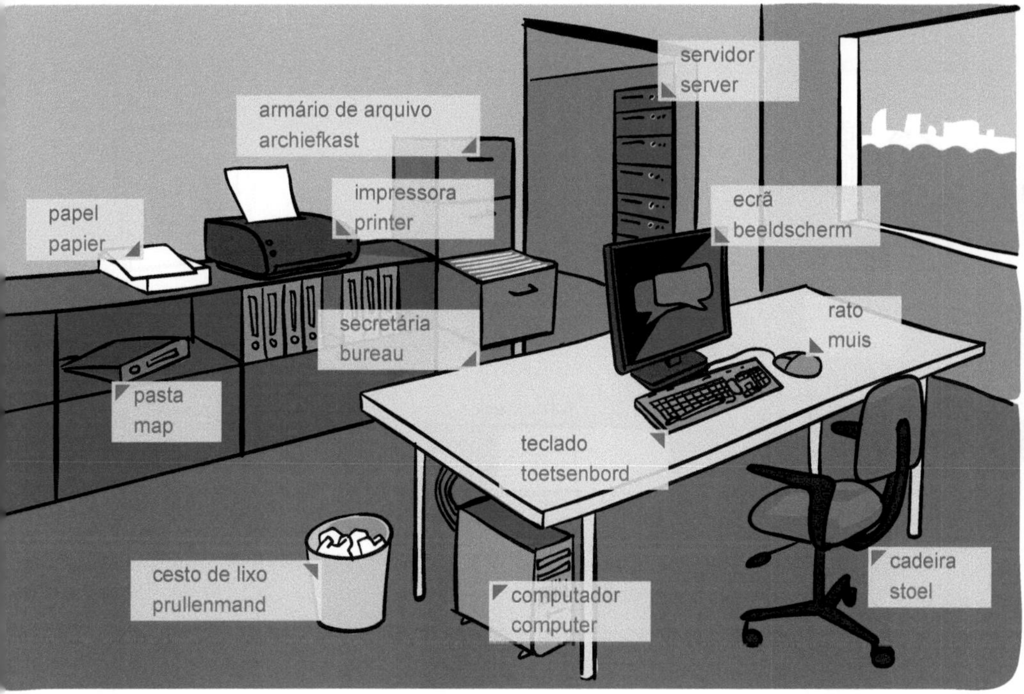

servidor
server

armário de arquivo
archiefkast

impressora
printer

papel
papier

ecrã
beeldscherm

secretária
bureau

rato
muis

pasta
map

teclado
toetsenbord

cesto de lixo
prullenmand

computador
computer

cadeira
stoel

caneca de café
....
koffiemok

calculadora
....
rekenmachine

internet
....
internet

computador portátil
laptop

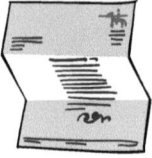

carta
brief

mensagem
bericht

telemóvel
mobiele telefoon

rede
netwerk

fotocopiadora
kopieermachine

software
software

telefone
telefoon

tomada elétrica
stopcontact

fax
fax

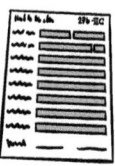

formulário
formulier

documento
document

comprar
kopen

pagar
betalen

negociar
handel drijven

dinheiro
geld

dólar
dollar

euro
euro

yen
yen

rublo
roebel

franco suíço
Zwitserse frank

renminbi yuan
renminbi yuan

rupia
roepie

caixa de multibanco
geldautomaat

casa de câmbio

wisselkantoor

ouro

goud

prata

zilver

petróleo

olie

energia

energie

preço

prijs

contrato

contract

imposto

belasting

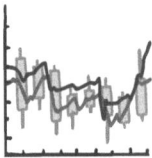

ação

aandeel

trabalhar

werken

empregado

werknemer

entidade patronal

werkgever

fábrica

fabriek

loja

winkel

agricultura - economie

profissões
beroepen

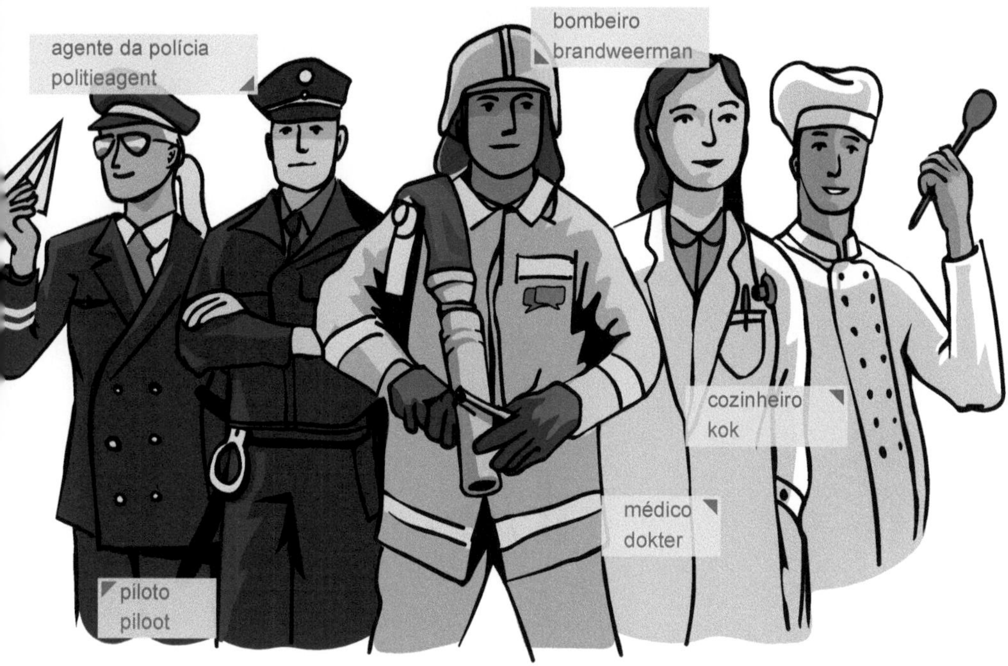

agente da polícia
politieagent
bombeiro
brandweerman
cozinheiro
kok
médico
dokter
piloto
piloot

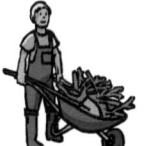

jardineiro
tuinman

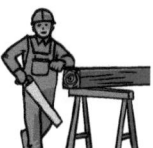

carpinteiro
timmerman

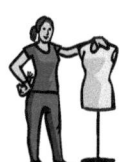

costureira
naaister

juiz
rechter

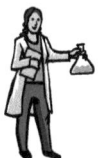

químico
scheikundige

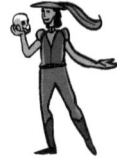

ator
toneelspeler

motorista de autocarro

buschauffeur

motorista de táxi

taxichauffeur

pescador

visser

empregada de limpeza

schoonmaakster

telhador

dakdekker

empregado de mesa

ober

caçador

jager

pintor

schilder

padeiro

bakker

eletricista

elektricien

construtor

bouwvakker

engenheiro

ingenieur

talhante

slager

canalizador

loodgieter

carteiro

postbode

soldado

soldaat

arquiteto

architect

caixa

kassier

florista

bloemist

cabeleireiro

kapper

controlador de bilhetes

conducteur

mecânico

monteur

capitão

kapitein

dentista

tandarts

cientista

wetenschapper

rabino

rabbi

imã

imam

monge

monnik

pastor

pastoor

ferramentas
gereedschap

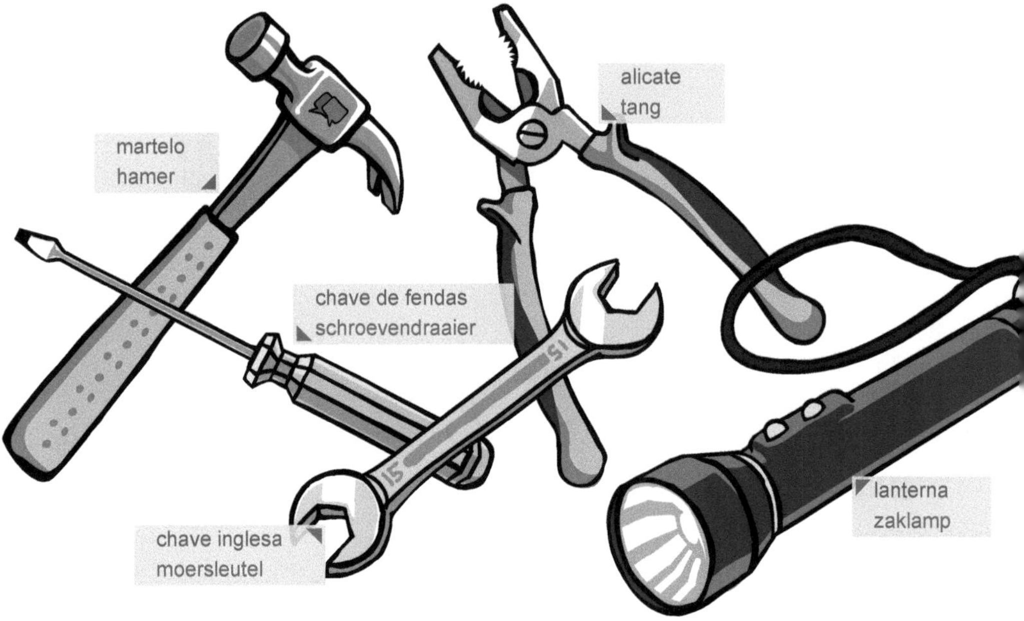
martelo
hamer
alicate
tang
chave de fendas
schroevendraaier
chave inglesa
moersleutel
lanterna
zaklamp

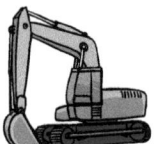

escavadora

graafmachine

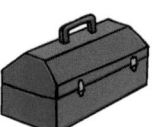

caixa de ferramentas

gereedschapskist

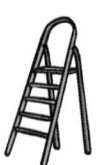

escadote

ladder

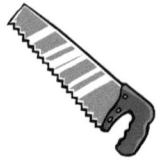

serra

zaag

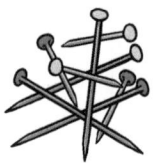

pregos

spijkers

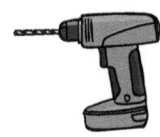

broca

boor

reparar
....
repareren

pá
....
schep

porcaria!
....
Verdorie!

pá de lixo
....
stofblik

pote de tinta
....
verfpot

parafusos
....
schroeven

instrumentos musicais
muziekinstrumenten

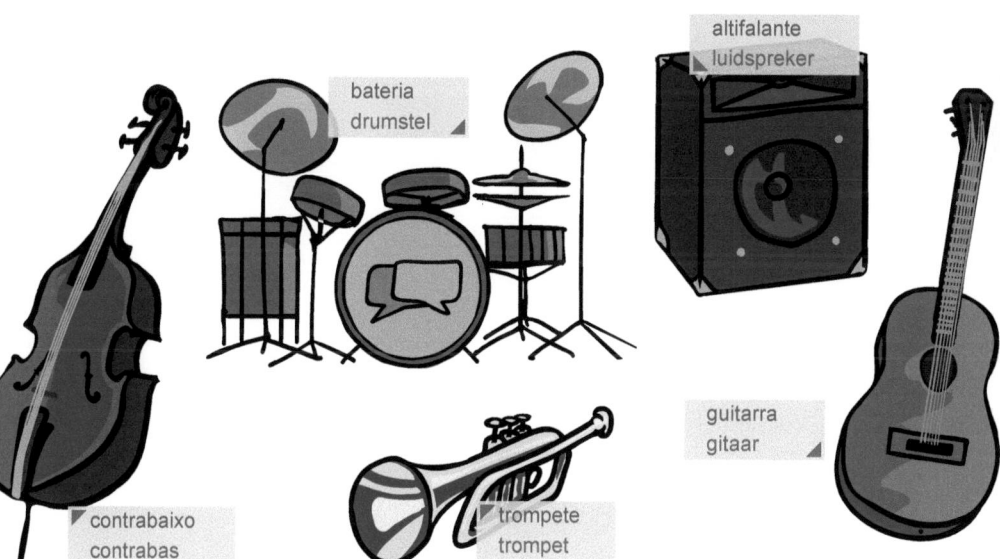

bateria
drumstel

altifalante
luidspreker

contrabaixo
contrabas

trompete
trompet

guitarra
gitaar

piano
piano

violino
viool

baixo
bas

timbales
pauk

tambor
trommel

teclado
keyboard

saxofone
saxofoon

flauta
fluit

microfone
microfoon

jardim zoológico

dierentuin

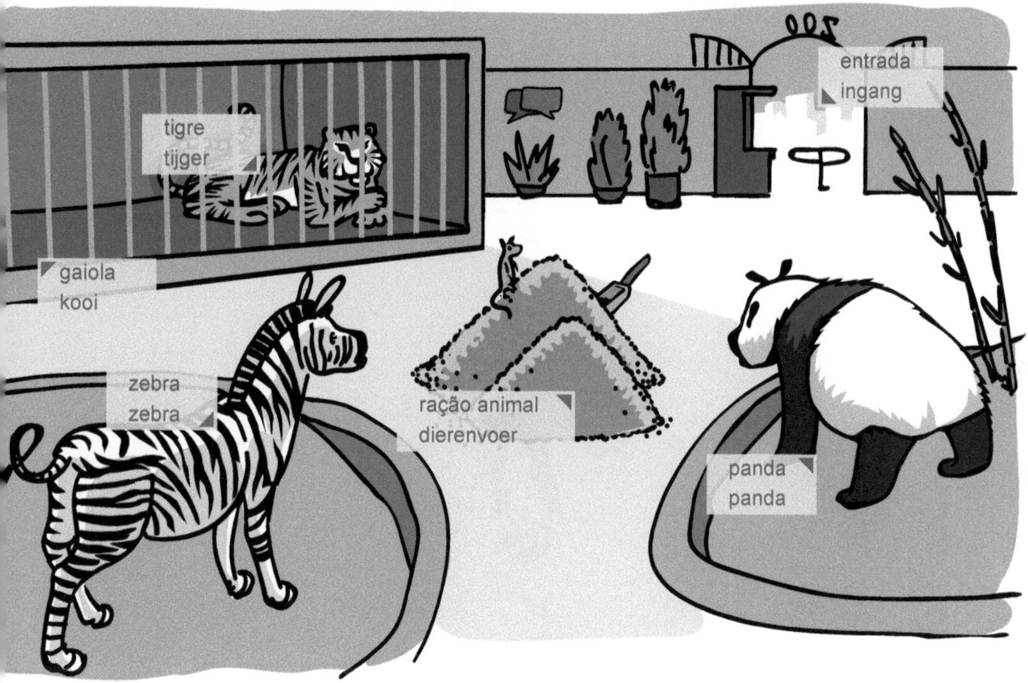

entrada
ingang
tigre
tijger
gaiola
kooi
zebra
zebra
ração animal
dierenvoer
panda
panda

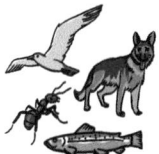

animais

dieren

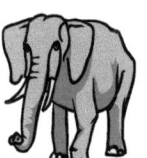

elefante

olifant

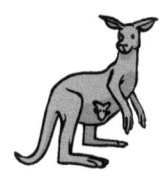

canguru

kangoeroe

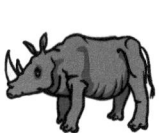

rinoceronte

neushoorn

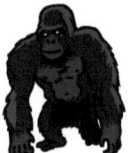

gorila

gorilla

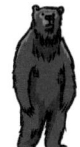

urso

beer

camelo

kameel

avestruz

struisvogel

leão

leeuw

macaco

aap

flamingo

flamingo

papagaio

papegaai

urso polar

ijsbeer

pinguim

pinguïn

tubarão

haai

pavão

pauw

cobra

slang

crocodilo

krokodil

guarda do jardim zoológico

dierenverzorger

foca

zeehond

jaguar

jaguar

pónei

pony

leopardo

luipaard

hipopótamo

nijlpaard

girafa

giraffe

águia

adelaar

javali

wild zwijn

peixe

vis

tartaruga

schildpad

morsa

walrus

raposa

vos

gazela

gazelle

futebol americano
American football

ciclismo
wielrennen

ténis
tennis

basquetebol
basketbal

natação
zwemmen

boxe
boksen

hóquei no gelo
ijshockey

futebol

voetbal

badminton

badminton

atletismo

atletiek

andebol

handbal

esqui

skiën

polo

polo

atividades
activiteiten

rir
lachen
saltar
springen
abraçar
knuffelen
andar
lopen
cantar
zingen
sonhar
dromen
rezar
bidden
beijar
kussen

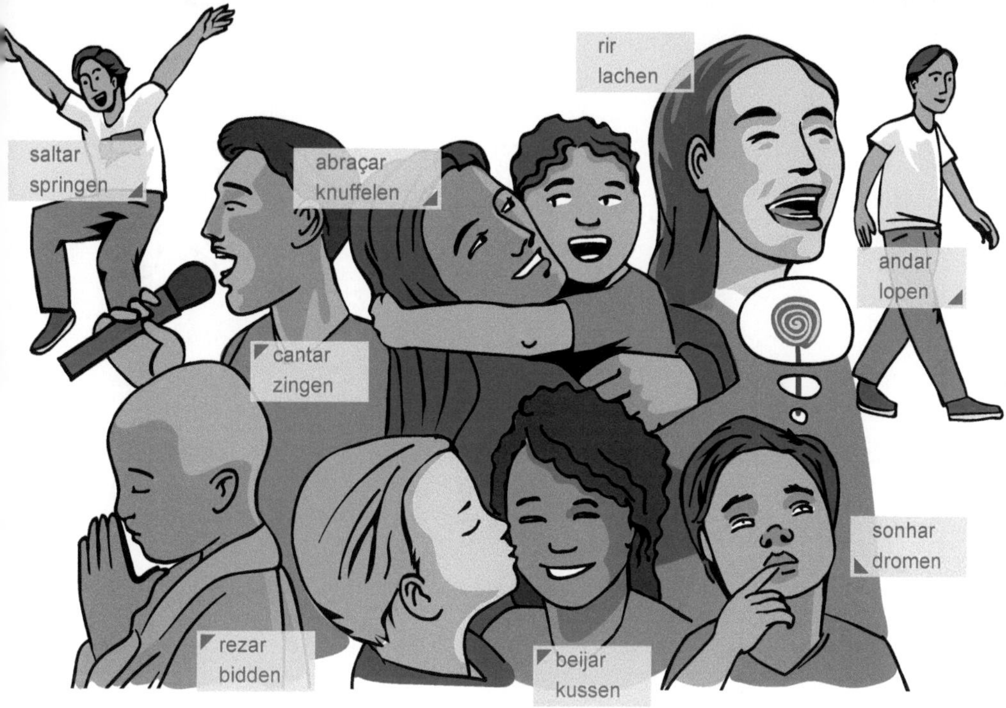

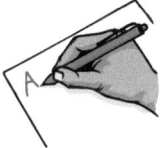

escrever

schrijven

desenhar

tekenen

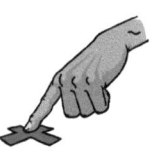

mostrar

tonen

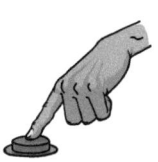

empurrar

duwen

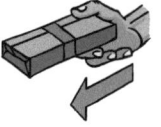

dar

geven

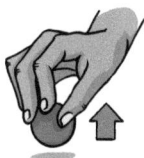

tomar

oppakken

ter
....
hebben

fazer
....
doen

ser
....
zijn

ficar de pé
....
staan

correr
....
rennen

puxar
....
trekken

remessar
....
gooien

cair
....
vallen

deitar
....
liggen

esperar
....
wachten

carregar
....
dragen

sentar
....
zitten

vestir
....
aankleden

dormir
....
slapen

acordar
....
wakker worden

olhar para

bekijken

chorar

huilen

acariciar

strelen

pentear

kammen

falar

praten

compreender

begrijpen

perguntar

vragen

ouvir

horen

beber

drinken

comer

eten

arrumar

opruimen

amar

houden van

cozinhar

koken

conduzir

rijden

voar

vliegen

velejar

zeilen

calcular

rekenen

ler

lezen

aprender

leren

trabalhar

werken

casar

trouwen

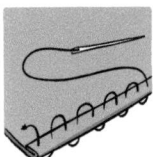

costurar

naaien

escovar os dentes

tandenpoetsen

matar

doden

fumar

roken

enviar

verzenden

família

familie

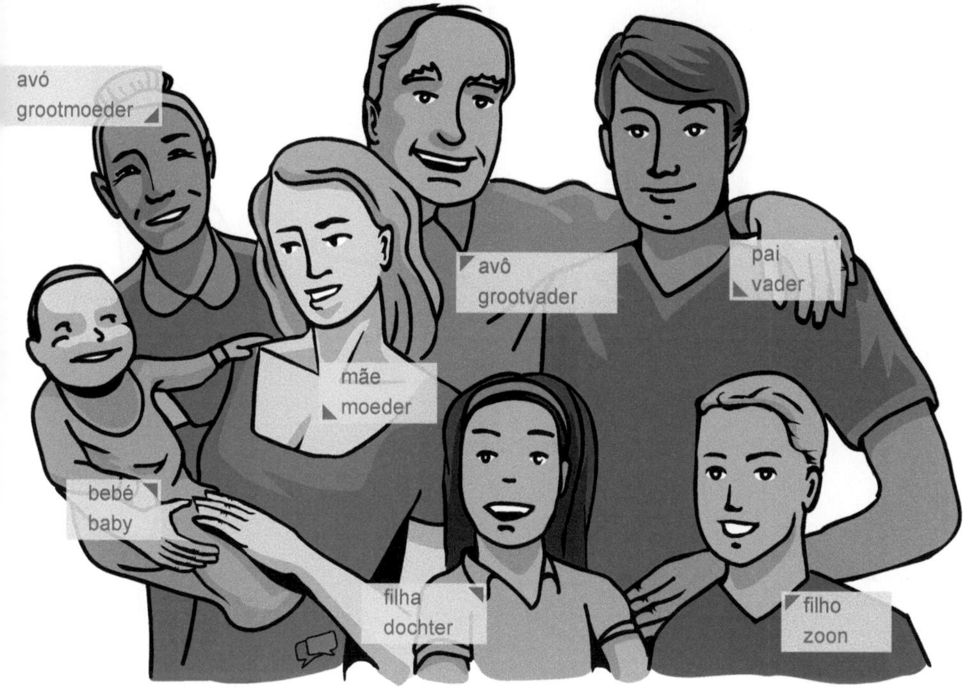

avó
grootmoeder
avô
grootvader
pai
vader
mãe
moeder
bebé
baby
filha
dochter
filho
zoon

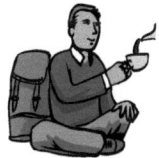

convidado

gast

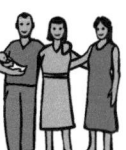

tia

tante

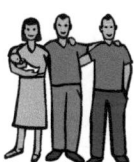

tio

oom

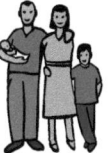

irmão

broer

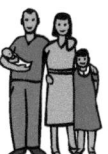

irmã

zus

corpo

lichaam

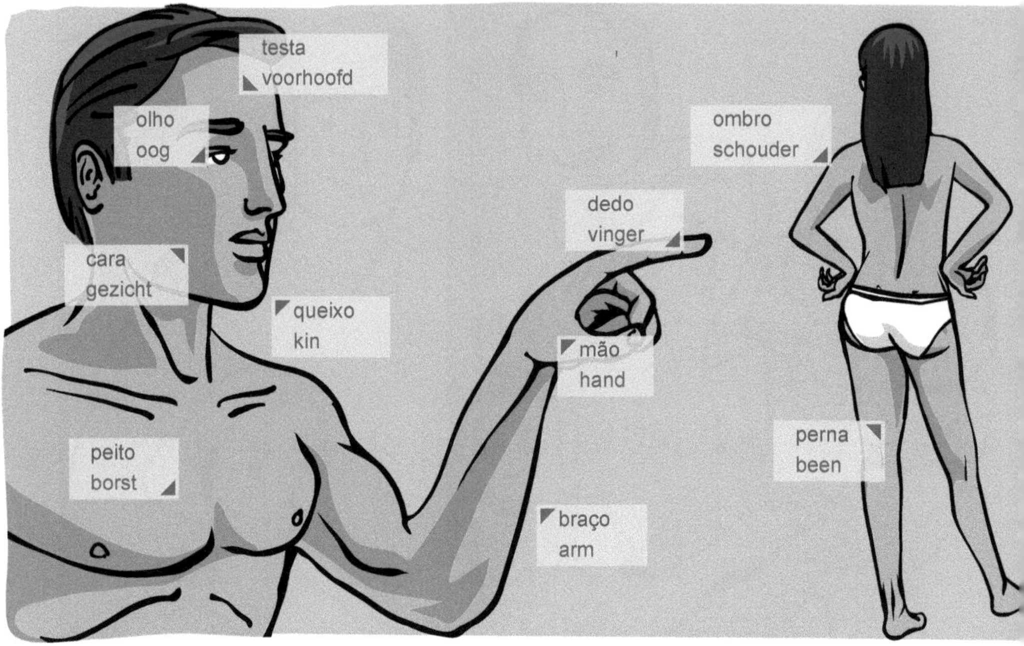

testa
voorhoofd
olho
oog
ombro
schouder
dedo
vinger
cara
gezicht
queixo
kin
mão
hand
perna
been
peito
borst
braço
arm

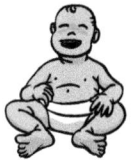

bebé

baby

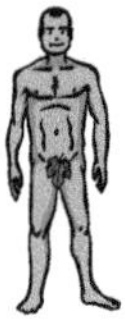

homem

man

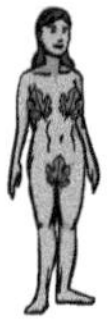

mulher

vrouw

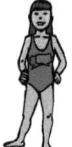

menina

meisje

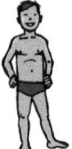

menino

jongen

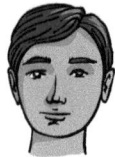

cabeça

hoofd

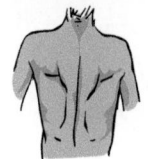

costas

rug

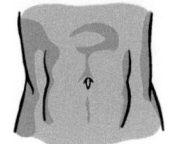

barriga

buik

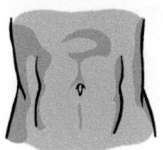

umbigo

navel

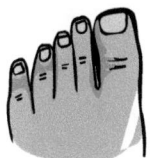

dedo do pé

teen

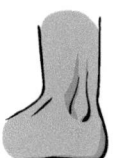

calcanhar

hiel

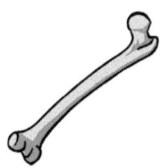

osso

bot

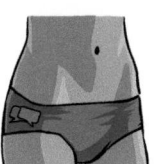

anca

heup

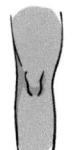

joelho

knie

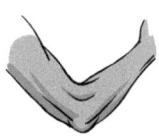

cotovelo

elleboog

nariz

neus

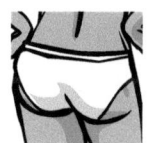

nádegas

achterwerk

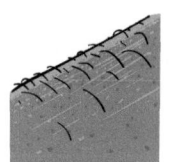

pele

huid

bochecha

wang

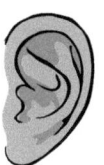

orelha

oor

lábio

lippen

corpo - lichaam

boca

mond

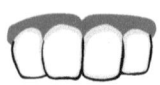

dente

tand

língua

tong

cérebro

hersenen

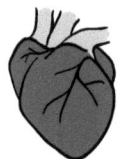

coração

hart

músculo

spier

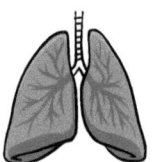

pulmão

long

fígado

lever

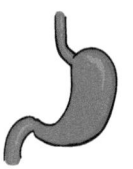

estômago

maag

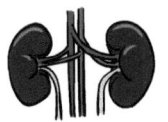

rins

nieren

relações sexuais

geslachtsgemeenschap

preservativo

condoom

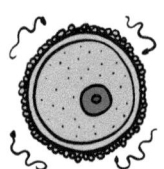

óvulo

eicel

esperma

sperma

gravidez

zwangerschap

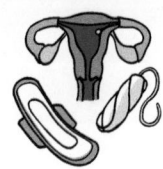

menstruação

menstruatie

vagina

vagina

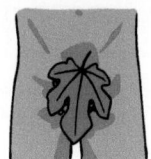

pénis

penis

sobrancelha

wenkbrauw

cabelo

haar

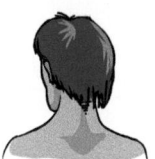

pescoço

hals

hospital
ziekenhuis

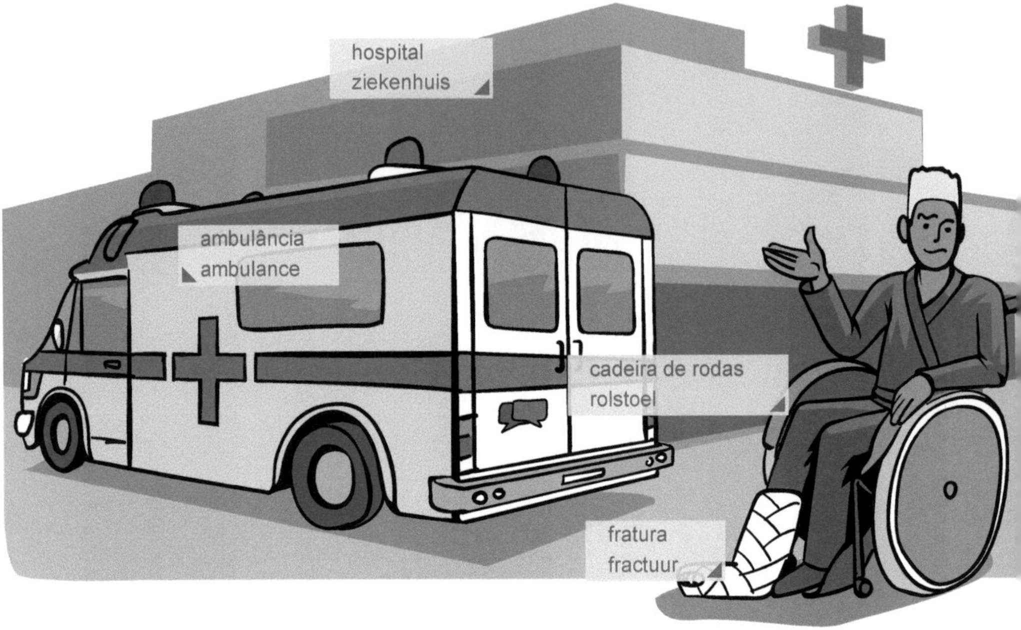

hospital
ziekenhuis
ambulância
ambulance
cadeira de rodas
rolstoel
fratura
fractuur

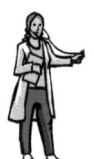

médico

dokter

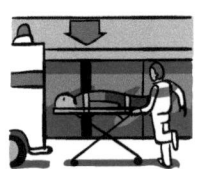

serviço de urgências

EHBO

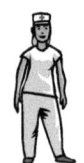

enfermeira

verpleegster

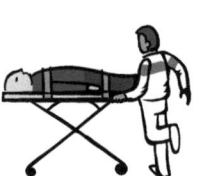

emergência

noodgeval

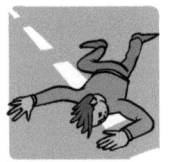

inconsciente

bewusteloos

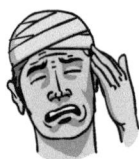

dor

pijn

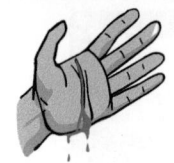

ferimento

verwonding

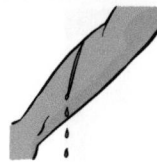

hemorragia

bloeding

ataque cardíaco

hartaanval

acidente vascular cerebral

beroerte

alergia

allergie

tosse

hoest

febre

koorts

gripe

griep

diarreia

diarree

dor de cabeça

hoofdpijn

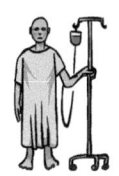

cancro

kanker

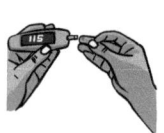

diabetes

diabetes

cirurgião

chirurg

bisturi

scalpel

operação

operatie

CT
CT

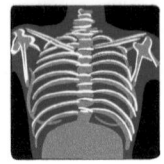

raio x
röntgen

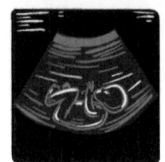

ultrassom
echografie

máscara
gezichtsmasker

doença
ziekte

sala de espera
wachtkamer

muleta
kruk

penso rápido
pleister

ligadura
verband

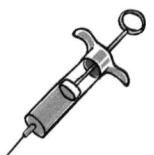

injeção
injectie

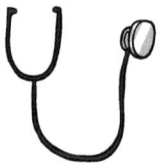

estetoscópio
stethoscoop

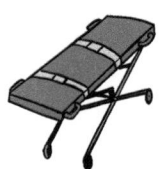

maca
brancard

termómetro
thermometer

nascimento
geboorte

excesso de peso
overgewicht

aparelho auditivo

gehoorapparaat

desinfetante

ontsmettingsmiddel

infeção

infectie

vírus

virus

HIV / SIDA

HIV / AIDS

medicamento

medicijn

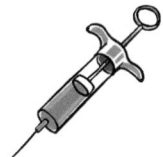

vacinação

inenting

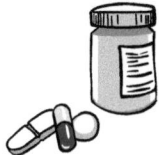

comprimidos

tabletten

pílula

pil

chamada de emergência

alarmnummer

dispositivo de medição de
pressão arterial

bloeddrukmeter

doente / saudável

ziek / gezond

Socorro!

Help!

alarme

alarm

assalto

overval

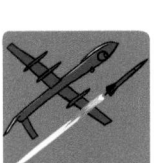

ataque

aanval

perigo

gevaar

saída de emergência

nooduitgang

Fogo!

Brand!

extintor de incêndios

brandblusser

acidente

ongeluk

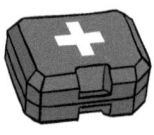

estojo de primeiros socorros

EHBO-koffer

SOS

SOS

polícia

politie

Europa

Europa

América do Norte

Noord-Amerika

América do Sul

Zuid-Amerika

África

Afrika

Ásia

Azië

Austrália

Australië

Atlântico

Atlantische Oceaan

Pacífico

Stille Oceaan

Oceano Índico

Indische Oceaan

Oceano Antártico

Zuidelijke Oceaan

Oceano Ártico

Noordelijke IJszee

Polo Norte

Noordpool

Polo Sul

Zuidpool

Antártica

Antarctica

terra

aarde

país

land

mar

zee

ilha

eiland

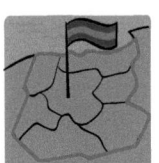

nação

natie

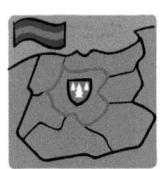

estado

staat

mostrador do relógio
wijzerplaat

ponteiro das horas
uurwijzer

ponteiro dos minutos
minutenwijzer

ponteiro dos segundos
secondewijzer

Que horas são?
Hoe laat is het?

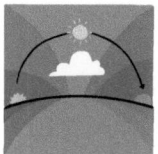

dia
dag

tempo
tijd

agora
nu

relógio digital
digitaal horloge

minuto
minuut

hora
uur

semana
week

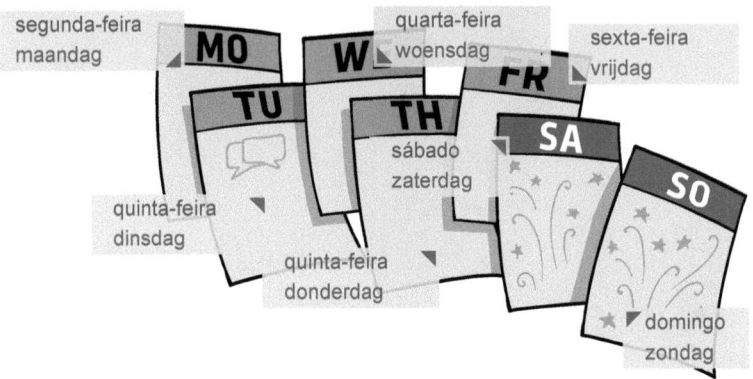

segunda-feira / maandag — MO
quarta-feira / woensdag — W
sexta-feira / vrijdag — FR
TU
TH — sábado / zaterdag
SA
quinta-feira / dinsdag
quinta-feira / donderdag
SO
domingo / zondag

ontem
gisteren

hoje
vandaag

amanhã
morgen

manhã
ochtend

meio-dia
middag

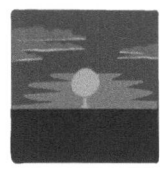

entardecer
avond

MO	TU	WE	TH	FR	SA	SU
1	2	3	4	5	6	7
8	9	10	11	12	13	14
15	16	17	18	19	20	21
22	23	24	25	26	27	28
29	30	31	1	2	3	4

dias úteis
werkdagen

MO	TU	WE	TH	FR	SA	SU
1	2	3	4	5	6	7
8	9	10	11	12	13	14
15	16	17	18	19	20	21
22	23	24	25	26	27	28
29	30	31	1	2	3	4

fim de semana
weekend

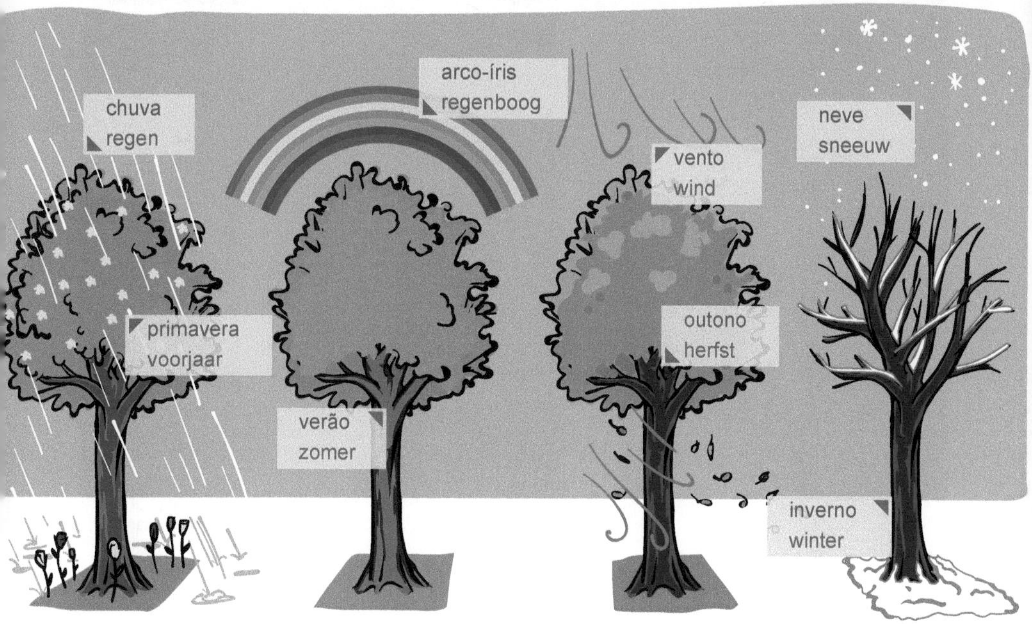

chuva
regen
arco-íris
regenboog
neve
sneeuw
vento
wind
primavera
voorjaar
outono
herfst
verão
zomer
inverno
winter

4.APRIL 11°
5.APRIL 4°
6.APRIL 13°
7.APRIL 8°
8.APRIL 10°

previsão do tempo
....
weerbericht

F C
120 40
90 30
60 20
30 10
0 0
-30 -10
-20

termómetro
....
thermometer

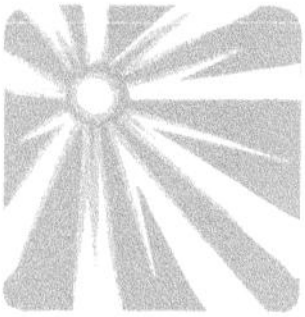

raios de sol
....
zonneschijn

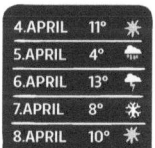

nuvem
....
wolk

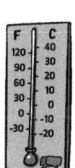

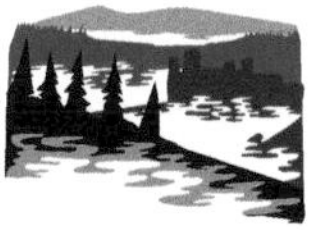

neblina / nevoeiro
....
mist

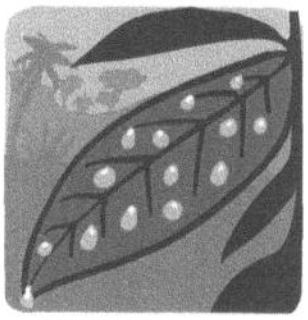

humidade do ar
....
luchtvochtigheid

relâmpago

bliksem

trovão

donder

tempestade

storm

granizo

hagel

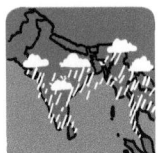

monção

moesson

inundação

overstroming

gelo

ijs

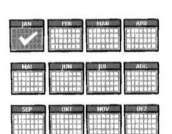

janeiro

januari

fevereiro

februari

março

maart

abril

april

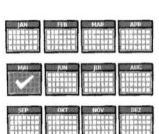

maio

mei

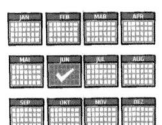

junho

juni

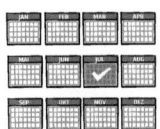

julho

juli

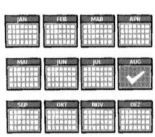

agosto

augustus

ano - jaar

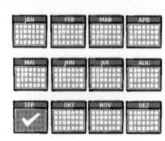

setembro
....
september

outubro
....
oktober

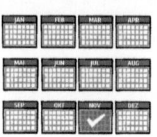

novembro
....
november

dezembro
....
december

formas
vormen

círculo
....
cirkel

quadrado
....
vierkant

retângulo
....
rechthoek

triângulo
....
driehoek

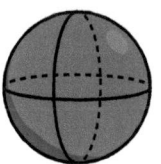

esfera
....
bol

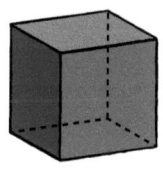

cubo
....
kubus

branco
....
wit

amarelo
....
geel

laranja
....
oranje

rosa
....
roze

vermelho
....
rood

lilás
....
paars

azul
....
blauw

verde
....
groen

castanho
....
bruin

cinzento
....
grijs

preto
....
zwart

muito / pouco

veel / weinig

furioso / calmo

boos / rustig

lindo / feio

mooi / lelijk

princípio / fim

begin / einde

grande / pequeno

groot / klein

claro / escuro

licht / donker

irmão / irmã

broer / zus

limpo / sujo

schoon / vies

completo / incompleto

volledig / onvolledig

dia / noite

dag/ nacht

morto / vivo

dood / levend

largo / estreito

breed / smal

comestível / não comestível

eetbaar / oneetbaar

mau / gentil

gemeen / aardig

entusiasmado / entediado

opgewonden / verveeld

gordo / magro

dik / dun

primeiro / último

eerste / laatste

amigo / inimigo

vriend / vijand

cheio / vazio

vol / leeg

duro / macio

hard / zacht

pesado / leve

zwaar / licht

fome / sede

honger / dorst

doente / saudável

ziek / gezond

ilegal / legal

illegaal / legaal

inteligente / burro

intelligent / dom

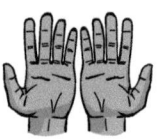

esquerda / direita

links / rechts

perto / longe

dichtbij / ver

novo / usado
nieuw / gebruikt

nada / algo
niets / iets

velho / jovem
oud / jong

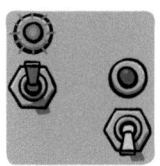

ligado / desligado
aan / uit

aberto / fechado
open / gesloten

baixo / alto
zacht / luid

rico / pobre
rijk / arm

certo / errado
goed / fout

áspero / liso
ruw / glad

triste / feliz
verdrietig / gelukkig

curto / longo
kort / lang

lento / rápido
langzaam / snel

molhado / seco
nat / droog

ameno / fresco
warm / koel

guerra / paz
oorlog / vrede

0	**1**	**2**
zero	um	dois
nul	één	twee

3	**4**	**5**
três	quatro	cinco
drie	vier	vijf

6	**7**	**8**
seis	sete	oito
zes	zeven	acht

9	**10**	**11**
nove	dez	onze
negen	tien	elf

12
doze

twaalf

13
treze

dertien

14
catorze

veertien

15
quinze

vijftien

16
dezasseis

zestien

17
dezassete

zeventien

18
dezoito

achttien

19
dezanove

negentien

20
vinte

twintig

100
cem

honderd

1.000
mil

duizend

1.000.000
milhão

miljoen

idiomas

talen

inglês

Engels

inglês americano

Amerikaans Engels

chinês mandarim

Chinees Mandarijn

hindi

Hindi

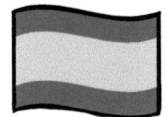

espanhol

Spaans

francês

Frans

árabe

Arabisch

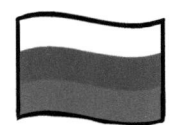

russo

Russisch

português

Portugees

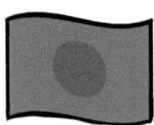

bengalês

Bengalees

alemão

Duits

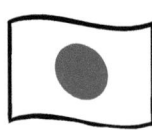

japonês

Japans

eu

ik

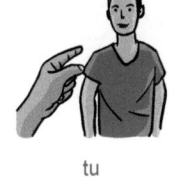

tu

jij

ele / ela

hij / zij / het

nós

wij

vós

jullie

eles / elas

zij

quem?

wie?

o quê?

wat?

como?

hoe?

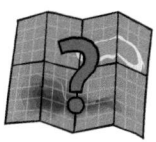

onde?

waar?

quando?

wanneer?

nome

naam

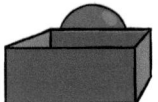

atrás

achter

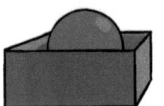

em

in

à frente de

voor

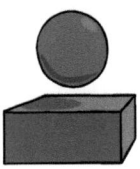

sobre

boven

em cima

op

debaixo

onder

ao lado

naast

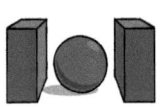

entre

tussen

lugar

plaats